AF175836

Impressum
Verlag: BABADADA GmbH, Nedderfeld 112 , 22529 Hamburg
Geschäftsführer / Verlagsleitung: Harald Hof
Druck: Books on Demand GmbH, In de Tarpen 42, 22848 Norderstedt

Imprint
Publisher: BABADADA GmbH, Nedderfeld 112 , 22529 Hamburg, Germany
Managing Director / Publishing direction: Harald Hof
Print: Books on Demand GmbH, In de Tarpen 42, 22848 Norderstedt

el colegio
škola

el aula
třída

dividir
dělit

186/2

el pizarrón
tabule

el patio de la escuela
školní hřiště

el maestro
učitel

el papel
papír

escribir
psát

la birome
pero

el escritorio
psací stůl

la regla
pravítko

el libro
kniha

el alumno
žák

la mochila

aktovka

la caja de lápices

penál

el lápiz

tužka

el sacapuntas

ořezávátko

la goma (de borrar)

guma

el bloc de dibujo

blok na kreslení

el dibujo
výkres

el pincel
štětec

la caja de pinturas
malířské potřeby

la tijera
nůžky

el pegamento
lepidlo

el cuaderno de ejercicios
cvičebnice

la tarea
domácí úkol

el número
počet

2+2

sumar
sčítat

5-2

restar
odčítat

2×2

multiplicar
násobit

calcular
počítat

A

la letra
písmeno

ABCDEFG
HIJKLMN
OPQRSTU
VWXYZ

el abecedario
abeceda

la palabra
slovo

el texto

text

leer

číst

la tiza

křída

la lección

hodina

el cuaderno de clase

třídní kniha

el examen

zkouška

el certificado

vysvědčení

el uniforme escolar

školní uniforma

la educación

vzdělání

la enciclopedia

encyklopedie

la universidad

univerzita

el microscopio

mikroskop

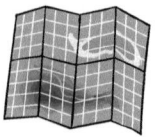

el mapa

karta

el tacho (de basura)

odpadkový koš na papír

el viaje
cesta

el hotel
hotel
Grand
el hostel
ubytovna
ROOMS
la casa de cambio
směnárna
EXCHANGE
la valija
kufr
el auto
auto

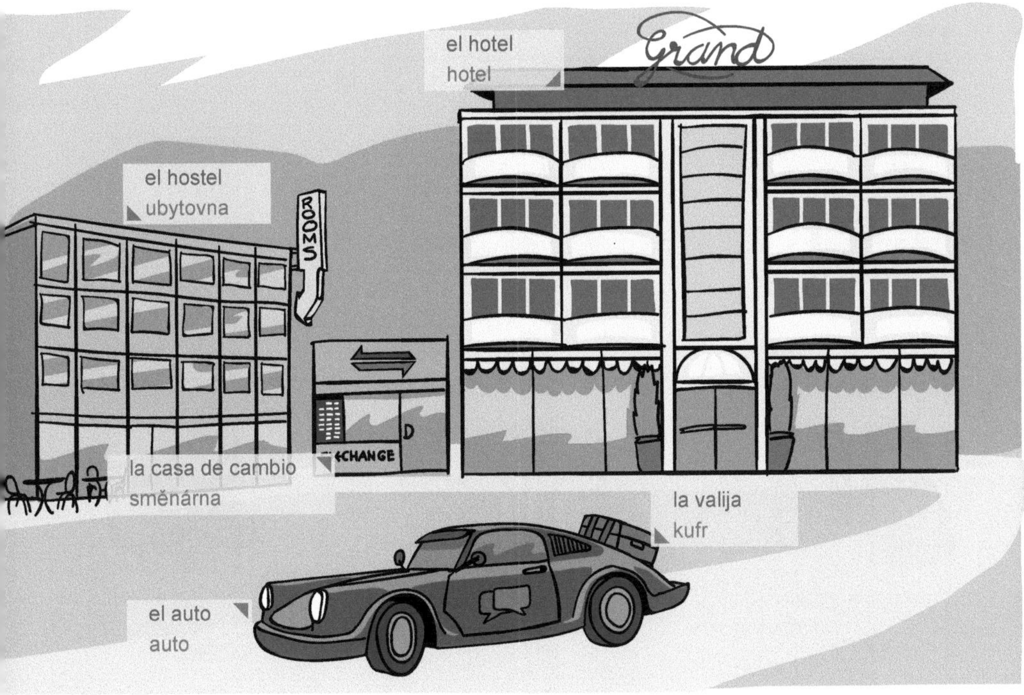

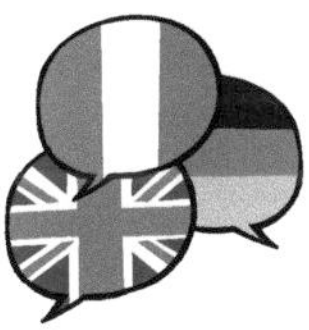

el idioma

jazyk

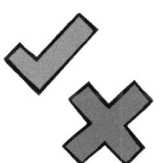

sí / no

ano / ne

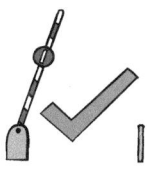

Está bien

oukej

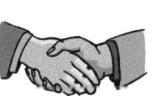

hola

Ahoj!

el traductor

překladatel

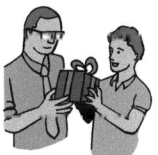

Gracias

děkuji

¿cuánto cuesta...?

Kolik stojí...?

No entiendo

nerozumím

el problema

problém

¡Buenas tardes!

Dobrý večer!

¡Buenos días!

Dobré ráno!

¡Buenas noches!

Dobrou noc!

el adiós

na shledanou

la dirección

směr

el equipaje

zavazadlo

el bolso

taška

la mochila

batoh

el invitado

host

la habitación

pokoj

la bolsa de dormir

spací pytel

la carpa

stan

la información turística

turistické informace

la playa

pláž

la tarjeta de crédito

kreditní karta

el desayuno

snídaně

el almuerzo

oběd

la cena

večeře

el pasaje

jízdenka

el ascensor

výtah

el sello

poštovní známka

la frontera

hranice

la aduana

clo

la embajada

poselství

la visa

vízum

el pasaporte

pas

el transporte
transport

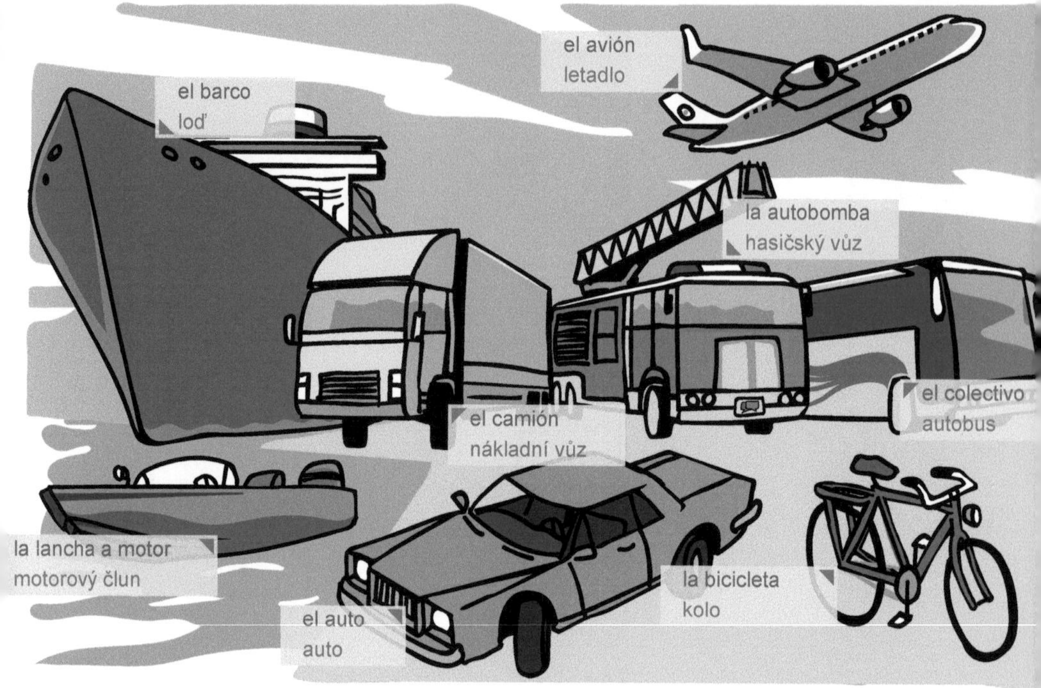
el avión
letadlo
el barco
loď
la autobomba
hasičský vůz
el colectivo
autobus
el camión
nákladní vůz
la lancha a motor
motorový člun
la bicicleta
kolo
el auto
auto

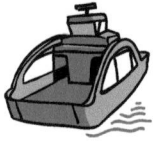

el ferry

přívoz

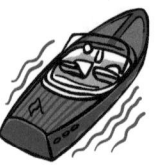

el bote

člun

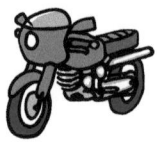

la moto

motorka

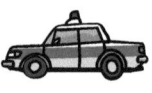

el patrullero

policejní auto

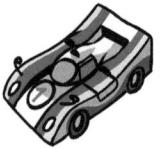

el auto de carreras

závodní auto

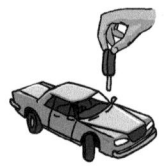

el auto de alquiler

pronajaté auto

el alquiler de autos

sdílení aut

la grúa

odtahová služba

el camión de la basura

popelářský vůz

el motor

motor

la nafta

palivo

la estación de servicio

čerpací stanice

la señal de tránsito

dopravní značka

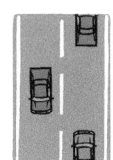

el tránsito

doprava

el embotellamiento

dopravní zácpa

el estacionamiento

parkoviště

la estación de tren

vlakové nádraží

las vías

koleje

el tren

vlak

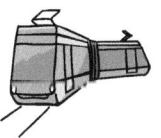

el tranvía

tramvaj

el vagón

vagón

el helicóptero

helikoptéra

el aeropuerto

letiště

la torre

věž

el pasajero

pasažér

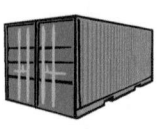

el contenedor

kontejner

la caja de cartón

kartón

la carretilla

trakař

la canasta

koš

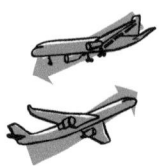

despegar / aterrizar

vzlétnout / přistát

la ciudad

město

el pueblo

vesnice

el centro de la ciudad

střed města

la casa

dům

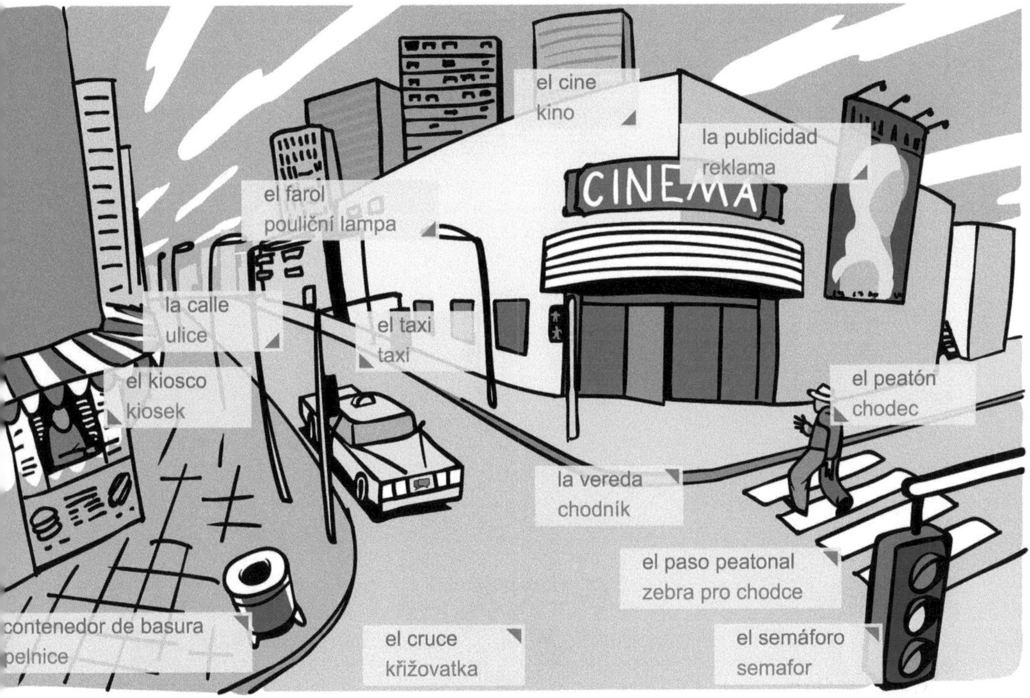
el cine
kino
la publicidad
reklama
CINEMA
el farol
pouliční lampa
la calle
ulice
el taxi
taxi
el kiosco
kiosek
el peatón
chodec
la vereda
chodník
el paso peatonal
zebra pro chodce
contenedor de basura
pelnice
el cruce
křižovatka
el semáforo
semafor

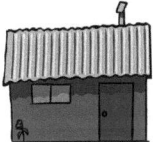

la cabaña

chata

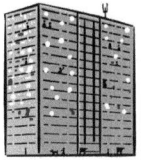

el departamento

byt

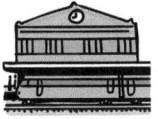

la estación de tren

vlakové nádraží

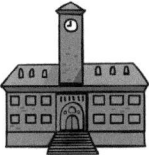

la municipalidad

radnice

MUSEUM

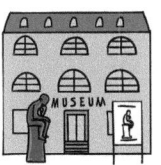

el museo

muzeum

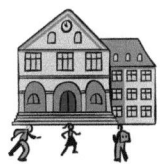

el colegio

škola

la universidad

univerzita

el banco

banka

el hospital

nemocnice

el hotel

hotel

la farmacia

lékárna

la oficina

kancelář

la librería

knihkupectví

el negocio

obchod

la florería

květinářství

el supermercado

supermarket

el mercado

tržnice

las grandes tiendas

obchodní dům

la pescadería

rybárna

el centro comercial

nákupní centrum

el puerto

přístav

el parque

park

el banco

lavička

el puente

most

las escaleras

schody

el subte

metro

el túnel

tunel

la parada del colectivo

autobusová zastávka

el bar

bar

el restaurante

restaurace

el buzón

poštovní schránka

el letrero

pouliční tabule

el parquímetro

parkovací hodiny

el zoológico

zoo

la pileta

plovárna

la mezquita

mešita

la granja

usedlost

la contaminación

znečišťování životního prostředí

el cementerio

hřbitov

la iglesia

církev

los juegos infantiles

hřiště

el templo

chrám

el paisaje

krajina

la hoja
list

el poste indicador
rozcestník

el camino
cesta

la pradera
louka

la piedra
kámen

el excursionista
turista

el árbol
strom

el río
řeka

la hierba
tráva

la flor
květina

el valle

údolí

la montaña

hora

el lago

jezero

el bosque

les

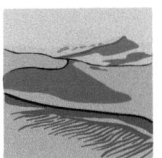

el desierto

poušť

el volcán

sopka

el castillo

zámek

el arco iris

duha

el champiñón

houba

la palmera

palma

el mosquito

komár

la mosca

moucha

la hormiga

mravenec

la abeja

včela

la araña

pavouk

el escarabajo

brouk

la rana

žába

la ardilla

veverka

el erizo

ježek

la liebre

zajíc

la lechuza

sova

el pájaro

pták

el cisne

labuť

el jabalí

divoké prase

el ciervo

jelen

el alce

los

la presa

přehrada

el aerogenerador

větrné kolo

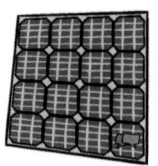

el panel solar

solární panel

el clima

podnebí

el restaurante
restaurace

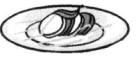

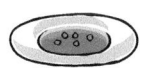

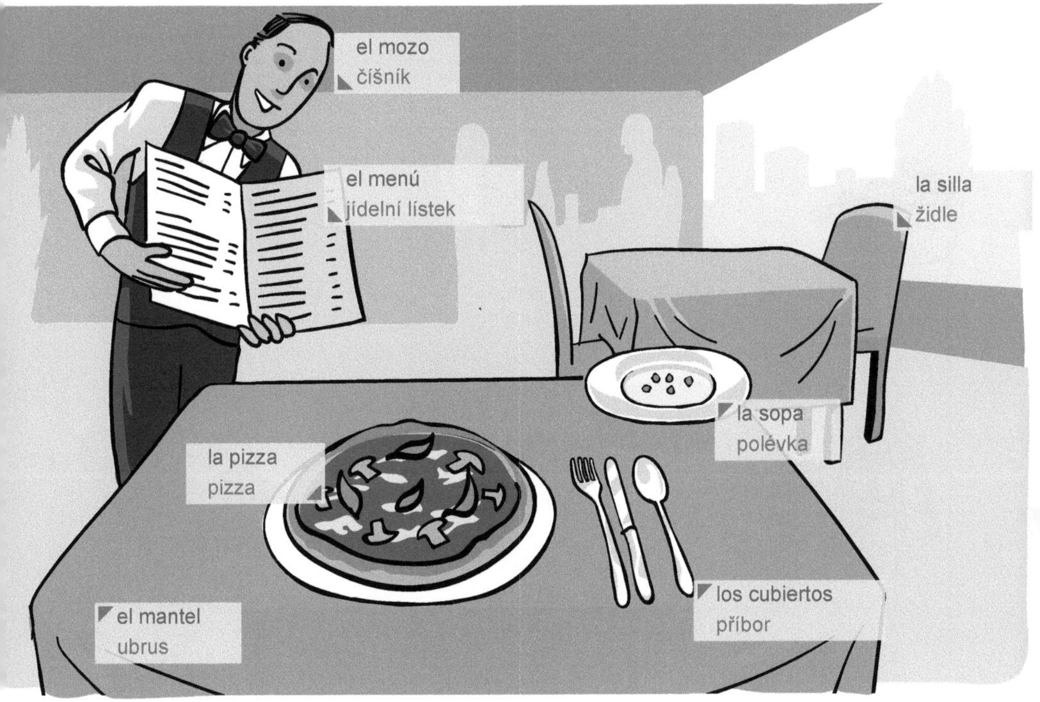

el mozo
číšník
el menú
jídelní lístek
la silla
židle
la sopa
polévka
la pizza
pizza
el mantel
ubrus
los cubiertos
příbor

la entrada

předkrm

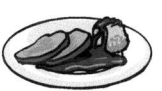

el plato principal

hlavní chod

el postre

dezert

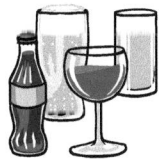

las bebidas

nápoje

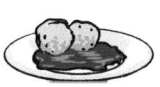

la comida

jídlo

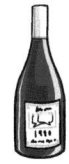

la botella

láhev

la comida rápida

rychlé občerstvení

la comida callejera

pouliční občerstvení

la tetera

čajová konvice

la azucarera

cukřenka

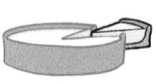

la porción

porce

la cafetera expreso

kávovar na espresso

la sillita alta

dětská stolička

la cuenta

faktura

la bandeja

tác

el cuchillo

nůž

el tenedor

vidlička

la cuchara

lžíce

la cucharita

čajová lyžička

la servilleta

ubrousek

el vaso

sklenička

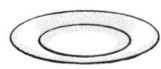

el plato

talíř

el plato hondo

talíř na polévku

el plato

podšálek

la salsa

omáčka

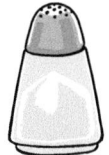

el salero

slánka

el molinillo de pimienta

mlýnek na pepř

el vinagre

ocet

el aceite

olej

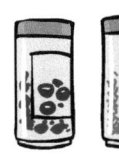

las especias

koření

el kétchup

kečup

la mostaza

hořčice

la mayonesa

majonéza

el supermercado
supermarket

la oferta especial
nabídka
FOR
el cliente
zákazník
los lácteos
mléčné výrobky
la fruta
ovoce
el changuito
nákupní vozík

BUTCHERS

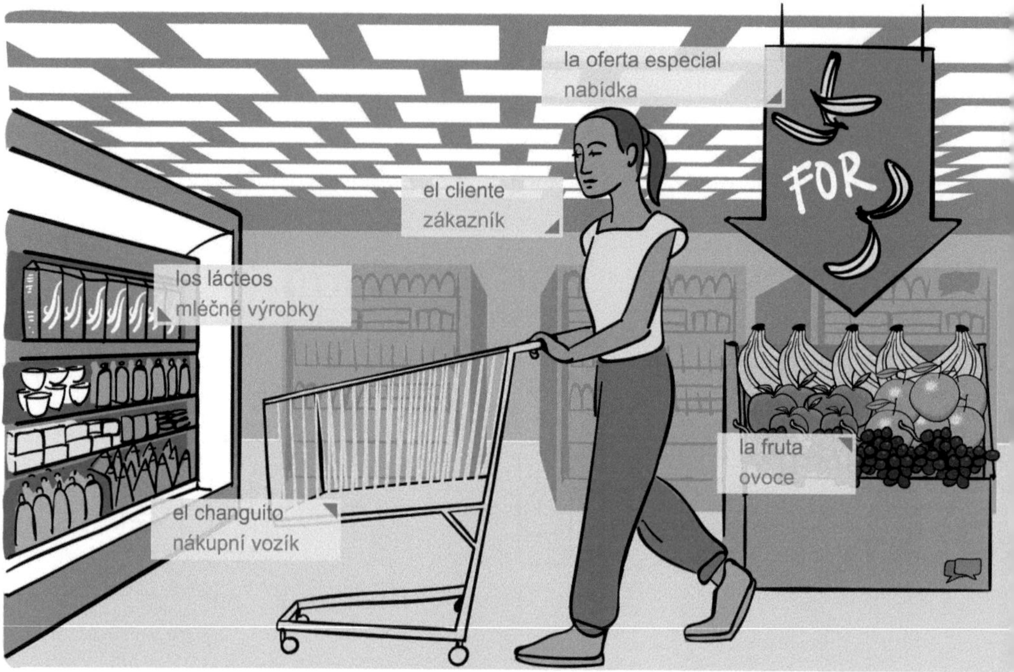

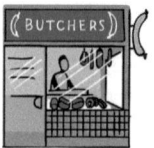

la carnicería

masna

BAKERY

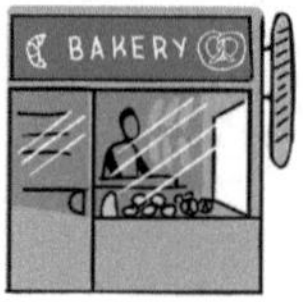

la panadería

pekařství

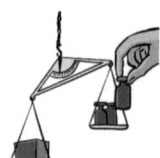

pesar

vážit

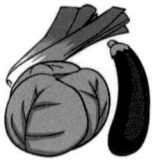

las verduras

zelenina

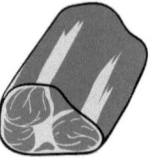

la carne

maso

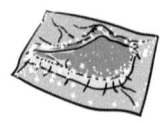

los alimentos congelados

mražené potraviny

los fiambres

obložený talíř

los alimentos enlatados

konzervy

el detergente en polvo

prací prášek

las golosinas

cukrovinky

los electrodomésticos

výrobky pro domácnost

los productos de limpieza

čisticí prostředek

la vendedora

prodavačka

la caja

pokladna

el cajero

pokladní

la lista de compras

nákupní seznam

el horario de atención

otevírací doba

la billetera

peněženka

la tarjeta de crédito

kreditní karta

la cartera

taška

la bolsa de plástico

igelitová taška

el agua

voda

el jugo

džus

la leche

mléko

la bebida cola

kola

el vino

víno

la cerveza

pivo

el alcohol

alkohol

el cacao

kakao

el té

čaj

el café

káva

el café expreso

espresso

el cappuccino

kapučíno

la banana

banán

la manzana

jablko

la naranja

pomeranč

el melón

meloun

el limón

citrón

la zanahoria

mrkev

el ajo

česnek

el bambú

bambus

la cebolla

cibule

el champiñón

houba

las nueces

ořechy

los fideos

těstoviny

los tallarines

špageti

el arroz

rýže

la ensalada

salát

las papas fritas

hranolky

las papas fritas

americké brambory

la pizza

pizza

la hamburguesa

hamburger

el sándwich

sendvič

el churrasco

řízek

el jamón

šunka

el salame

salám

la salchicha

salám

el pollo

kuře

el asado

pečeně

el pescado

ryby

los copos de avena

ovesné vločky

el muesli

müsli

los copos de maíz

vločky

la harina

mouka

la medialuna

croissant

el pancito

houska

el pan

chléb

la tostada

toast

las galletitas

sušenky

la manteca

máslo

la cuajada

tvaroh

la torta

buchta

el huevo

vejce

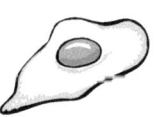

el huevo frito

volské oko

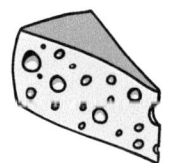

el queso

sýr

la comida - jídlo

el helado

zmrzlina

el azúcar

cukr

la miel

med

la mermelada

marmeláda

la pasta de chocolate

nugátový krém

el curry

kari

la granja
usedlost

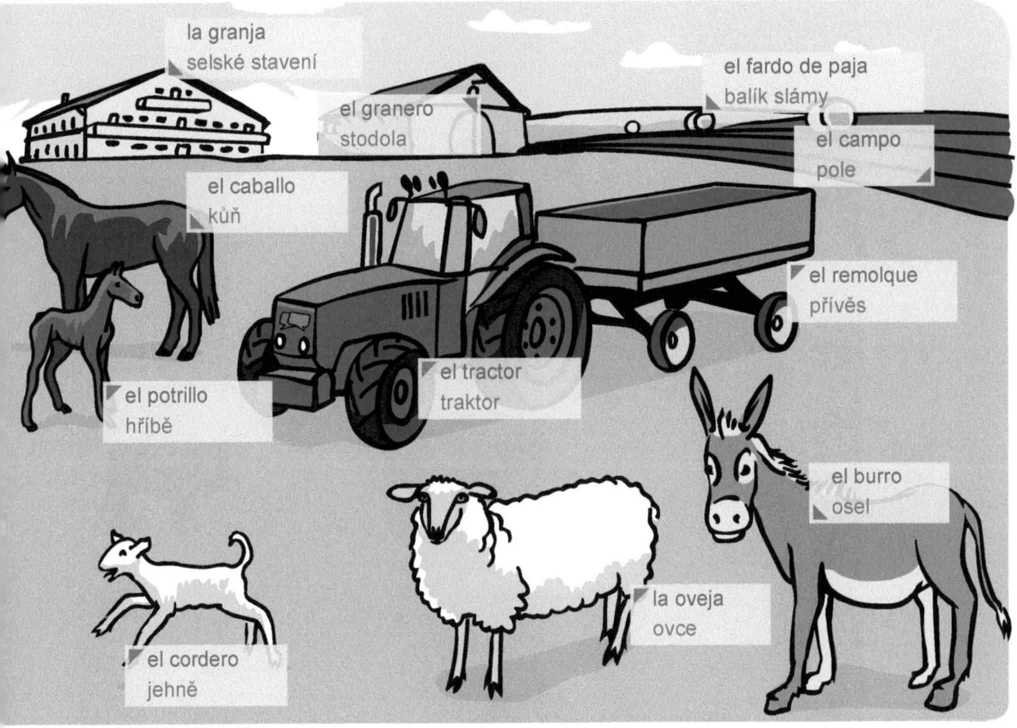
la granja
selské stavení
el granero
stodola
el fardo de paja
balík slámy
el campo
pole
el caballo
kůň
el remolque
přívěs
el tractor
traktor
el potrillo
hříbě
el burro
osel
la oveja
ovce
el cordero
jehně

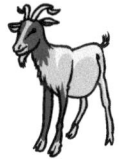

la cabra
koza

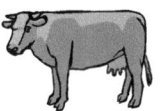

la vaca
kráva

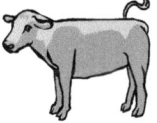

el ternero
tele

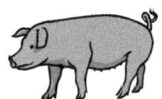

el cerdo
prase

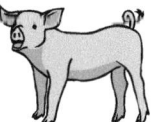

el lechón
sele

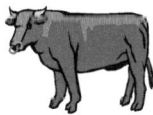

el toro
býk

el ganso

husa

el pato

kachna

el pollo

kuře

la gallina

slepice

el gallo

kohout

la rata

krysa

el gato

kočka

el ratón

myš

el buey

vůl

el perro

pes

la cucha

psí bouda

la manguera

zahradní hadice

la regadera

kropicí konev

la guadaña

kosa

el arado

pluh

la hoz

srp

la azada

motyka

la horquilla

vidle

el hacha

sekera

la carretilla

kolecko

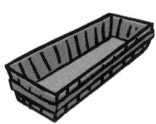

el abrevadero

koryto

la lechera

konev na mléko

la bolsa

pytel

la reja

plot

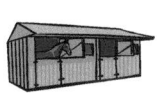

el establo

stáj

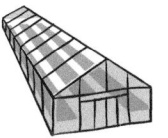

el invernadero

skleník

el suelo

půda

la semilla

osivo

el fertilizador

hnojivo

la cosechadora

kombajn

cosechar

sklidit

la cosecha

sklizeň

las batatas

smldinec

el trigo

pšenice

la soja

sója

la papa

brambora

el maíz

kukuřice

la semilla de colza

řepka

el árbol frutal

ovocný strom

la mandioca

maniok

los cereales

obilí

la casa
dům

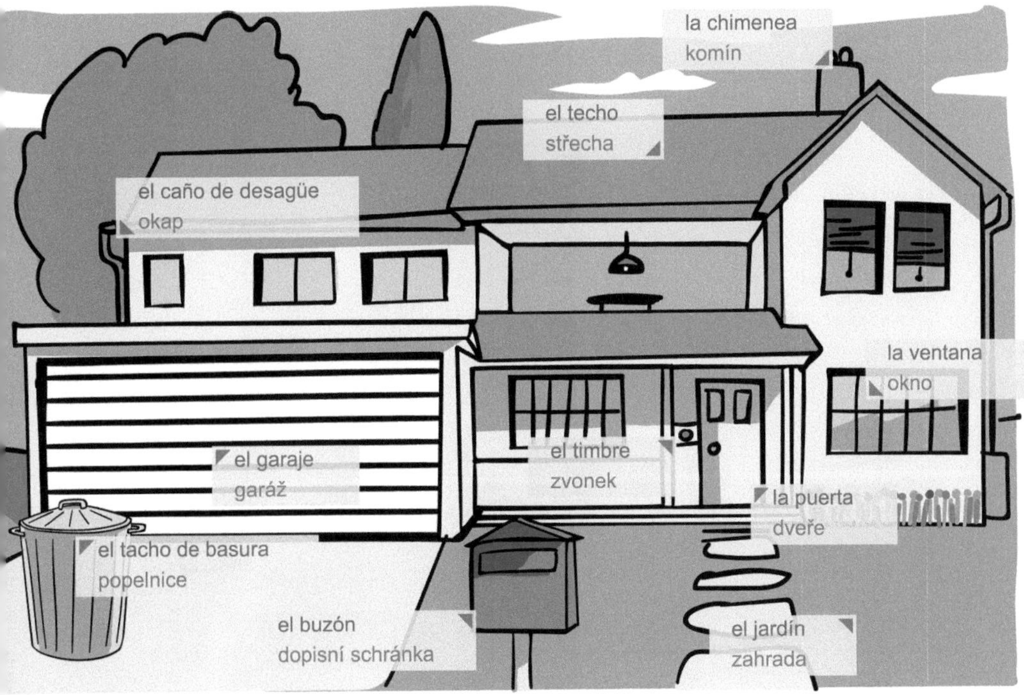

la chimenea
komín
el techo
střecha
el caño de desagüe
okap
la ventana
okno
el timbre
zvonek
el garaje
garáž
la puerta
dveře
el tacho de basura
popelnice
el buzón
dopisní schránka
el jardín
zahrada

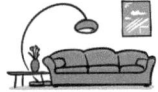

el living
obývací pokoj

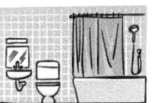

el baño
koupelna

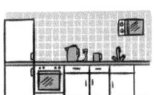

la cocina
kuchyně

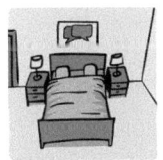

el dormitorio
ložnice

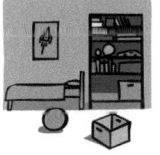

el cuarto de los chicos
dětský pokoj

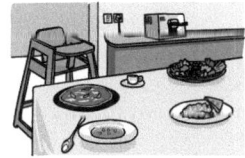

el comedor
jídelna

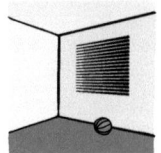

el piso

podlaha

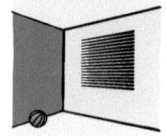

la pared

zeď

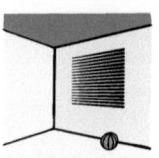

el cielorraso

deka

el sótano

sklep

el sauna

sauna

el balcón

balkón

la terraza

terasa

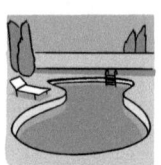

la pileta

bazén

la cortadora de pasto

sekačka na trávu

la sábana

ložní prádlo

el acolchado

lůžková přikrývka

la cama

postel

la escoba

smeták

el balde

kýbl

el interruptor

vypínač

el living
obývací pokoj

el empapelado
tapeta
la imagen
obrázek
la lámpara
žárovka
el estante
police
el armario
skříň
la televisión
televizor
la chimenea
komín
la flor
květina
el almohadón
polštář
el sofá
gauč
el florero
váza
el control remoto
dálkový ovladač

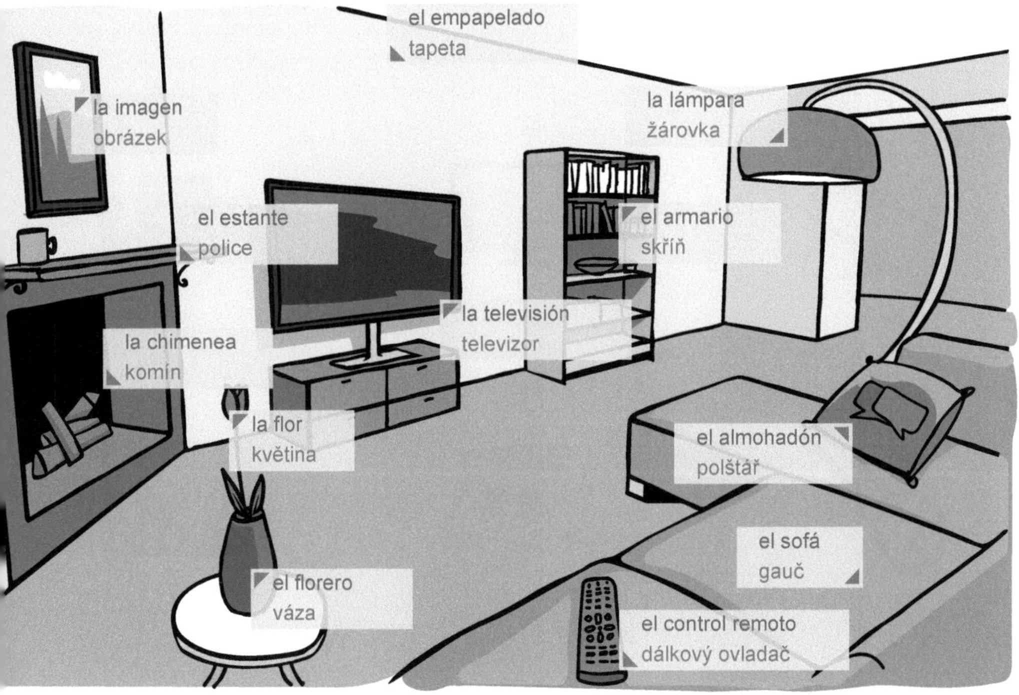

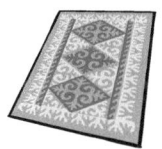

la alfombra

koberec

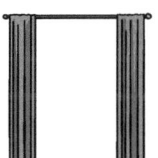

la cortina

závěs

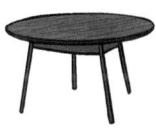

la mesa

stůl

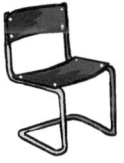

la silla

židle

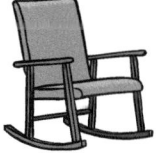

la mecedora

houpací křeslo

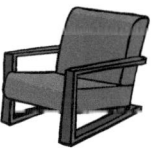

el sillón

křeslo

el libro

kniha

la frazada

strop

la decoración

ozdoba

la leña

palivové dříví

la película

film

el equipo de música

stereo souprava

la llave

klíč

el diario

noviny

la pintura

malba

el póster

plakát

la radio

rádio

el cuaderno

poznámkový blok

la aspiradora

vysavač

el cactus

kaktus

la vela

svíce

la cocina
kuchyně

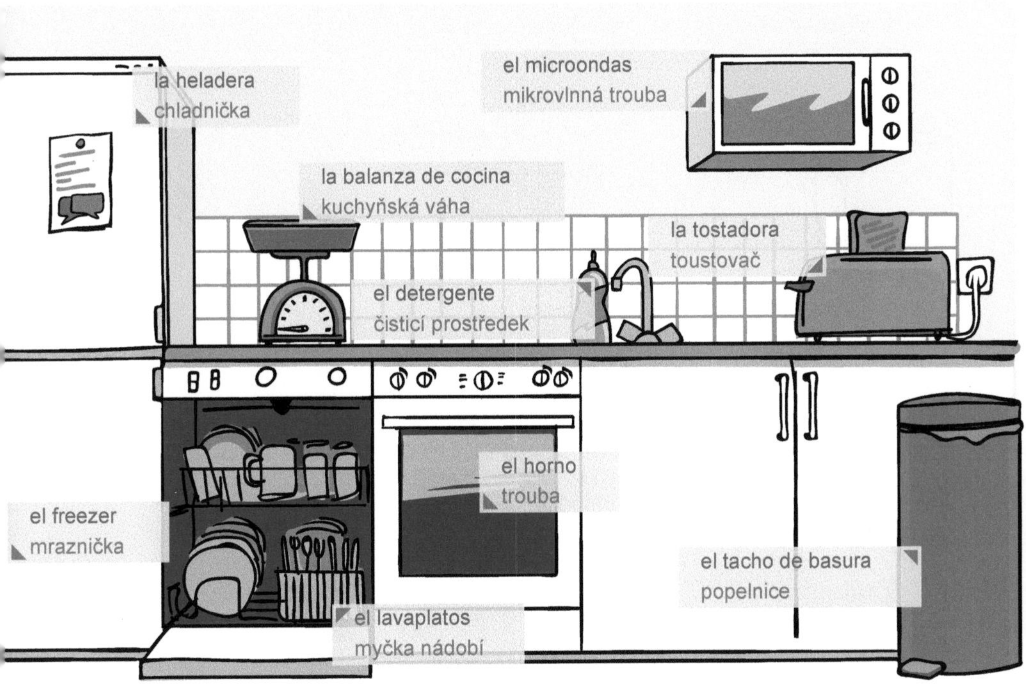
la heladera
chladnička
el microondas
mikrovlnná trouba
la balanza de cocina
kuchyňská váha
la tostadora
toustovač
el detergente
čisticí prostředek
el horno
trouba
el freezer
mraznička
el tacho de basura
popelnice
el lavaplatos
myčka nádobí

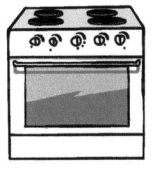

la cocina
sporák

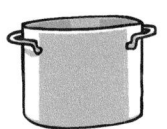

la olla
hrnec

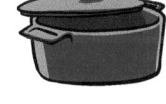

la olla de hierro fundido
litinový hrnec

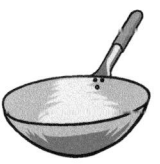

el wok
wok / kadai

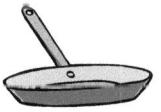

la sartén
pánev

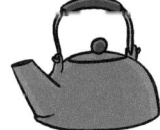

la pava
varná konvice

la vaporera

parní hrnec

la bandeja de horno

plech na pečení

la vajilla

nádobí

la taza

hrnek

el bol

miska

los palitos

jídelní hůlky

el cucharón

naběračka

la espátula

obracečka

la batidora

metla

el colador

síto

el colador

cedník

el rallador

struhadlo

el mortero

hmoždíř

la parrilla

gril

la fogata

ohniště

la tabla de picar

prkénko na krájení

el palo de amasar

váleček na těsto

el sacacorchos

vývrtka

la lata

dóza

el abrelatas

otvírák na konzervy

la manopla

chňapka

la pileta

umyvadlo

el cepillo

kartáč na nádobí

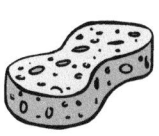

la esponja

houba

la batidora

mixér

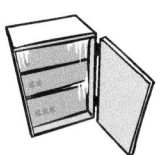

el congelador

mrazák

la mamadera

dětská lahev

la canilla

kohoutek

el baño
koupelna

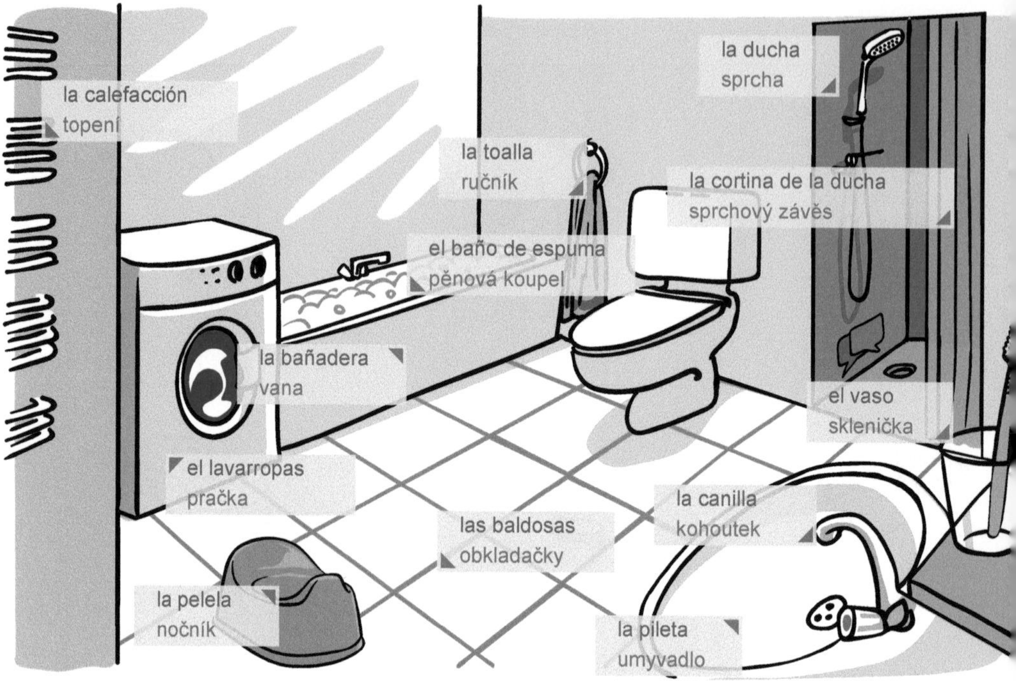

la ducha
sprcha
la calefacción
topení
la toalla
ručník
la cortina de la ducha
sprchový závěs
el baño de espuma
pěnová koupel
la bañadera
vana
el vaso
sklenička
el lavarropas
pračka
la canilla
kohoutek
las baldosas
obkladačky
la pelela
nočník
la pileta
umyvadlo

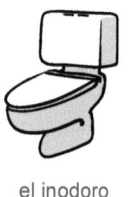

el inodoro

záchod

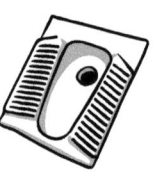

la letrina

turecký záchod

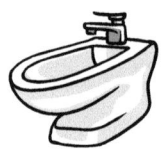

el bidé

bidet

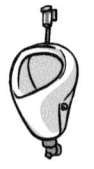

el mingitorio

pisoár

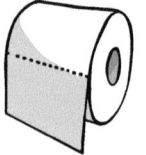

el papel higiénico

toaletní papír

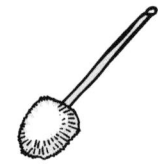

el cepillo para el inodoro

záchodová štětka

el cepillo de dientes

zubní kartáček

el dentífrico

zubní pasta

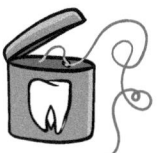

el hilo dental

zubní niť

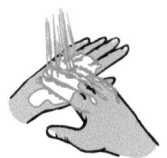

lavar

mýt

la ducha de mano

ruční sprcha

la ducha higiénica

intimní sprcha

la palangana

umyvadlo

el cepillo para la espalda

kartáč na záda

el jabón

mýdlo

el gel de ducha

sprchový gel

el shampoo

šampón

la toallita

žínka

el desagüe

odpad

la crema

krém

el desodorante

deodorant

el baño - koupelna

el espejo
zrcadlo

el espejito
kosmetické zrcátko

la maquinita de afeitar
holicí strojek

la espuma de afeitar
pěna na holení

el aftershave
voda po holení

el peine
hřeben

el cepillo
kartáč

el secador de pelo
fén

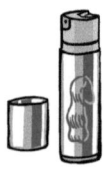
el spray
lak na vlasy

el maquillaje
makeup

el lápiz de labios
rtěnka

el esmalte para uñas
lak na nehty

el algodón
vata

la tijera para uñas
nůžky na nehty

el perfume
parfém

el portacosméticos

aška s toaletními potřebami

la banqueta

stolička

la balanza

váha

la bata

župan

los guantes de goma

gumové rukavice

el tampón

tampón

la toallita femenina

dámská vložka

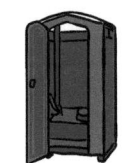

el baño químico

chemická toaleta

el baño - koupelna

el cuarto de los chicos
dětský pokoj

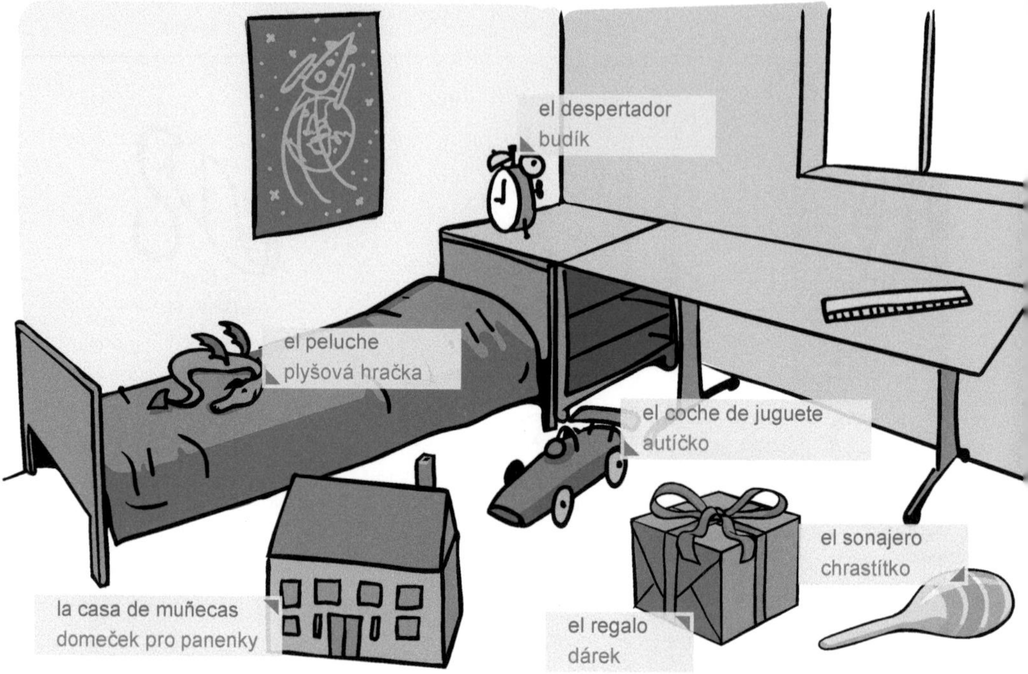

el despertador
budík
el peluche
plyšová hračka
el coche de juguete
autíčko
el sonajero
chrastítko
la casa de muñecas
domeček pro panenky
el regalo
dárek

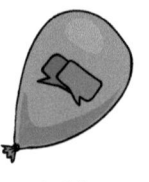

el globo
balón

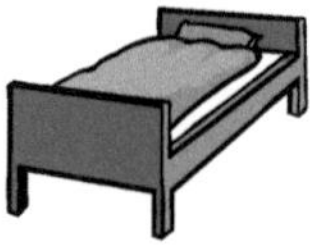

la cama
postel

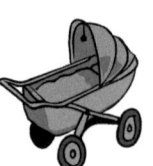

el cochecito
kočárek

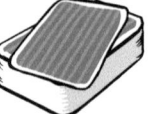

las cartas
balíček karet

el rompecabezas
puzzle

SUPER
MEGA

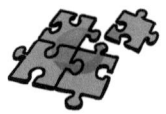

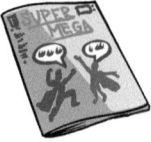

la historieta
komiks

las piezas de lego

lego kostky

los ladrillos de juguete

stavebnice

la figura de acción

akční figurka

el enterito (de bebé)

dupačky

el frisbee

frisbee

el móvil para bebés

závěsné hračky nad postýlku

el juego de mesa

desková hra

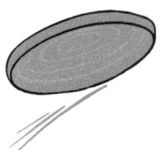

los dados

kostky

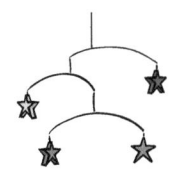

el tren eléctrico

modelová železnice

el chupete

dudlík

la fiesta

oslava

el libro de cuentos ilustrado

obrázková kniha

la pelota

míč

la muñeca

panenka

jugar

hrát si

el arenero

pískoviště

la hamaca

houpačka

los juguetes

hračky

la consola de videojuegos

hrací konzole

el triciclo

tříkolka

el osito de peluche

medvídek

el armario

šatník

la ropa

oblečení

las medias

ponožky

las medias panty

punčochy

las calzas

punčochové kalhoty

la bufanda
šála

el paraguas
deštník

la remera
tričko

el cinturón
pásek

la remera
tričko

las zapatillas
tenisky

las botas
kozačky

las pantuflas
domácí obuv

las sandalias
sandály

los zapatos
obuv

las botas de goma
holínky

la ropa interior
spodní prádlo

el corpiño
podprsenka

el chaleco
nátělník

la ropa - oblečení   45

el body

body

los pantalones

kalhoty

los jeans

džíny

la pollera

sukně

la blusa

blůza

la camisa

košile

el pulóver

svetr

el buzo

mikina

el blazer

blejzr

la campera

bunda

el tapado

kabát

el piloto

pláštěnka

el traje

kostým

el vestido

šaty

el vestido de novia

svatební šaty

el traje
oblek

el camisón
noční košile

el pijama
pyžamo

el sari
sárí

el pañuelo para la cabeza
šátek na hlavu

el turbante
turban

la burka
burka

el caftán
kaftan

la abaya
abája

el traje de baño
plavky

el short de baño
pánské plavky

los shorts
kraťasy

el jogging
tepláková souprava

el delantal
zástěra

los guantes
rukavice

el botón

knoflík

los anteojos

brýle

la pulsera

náramek

el collar

náhrdelník

el anillo

prsten

el aro

náušnice

la gorra

čepice

la percha

ramínko

el sombrero

klobouk

la corbata

kravata

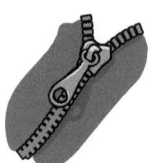

el cierre

zip

el casco

helma

los tiradores

kšandy

el uniforme escolar

školní uniforma

el uniforme

uniforma

el babero

bryndák

el chupete

dudlík

el pañal

plena

la oficina
kancelář

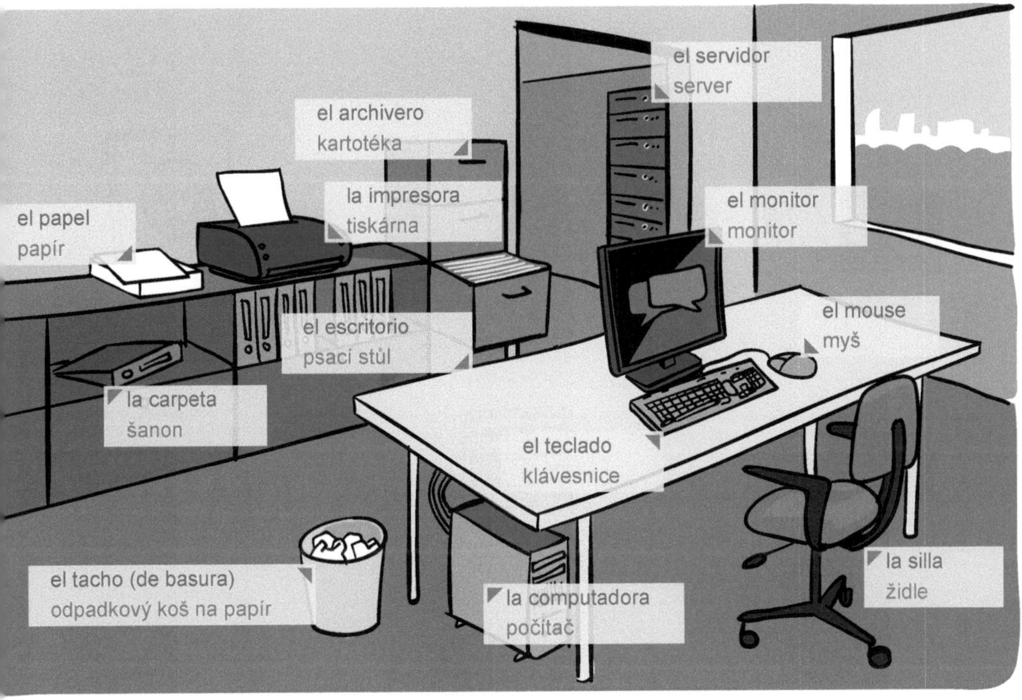

el servidor
server

el archivero
kartotéka

la impresora
tiskárna

el papel
papír

el monitor
monitor

el escritorio
psací stůl

el mouse
myš

la carpeta
šanon

el teclado
klávesnice

el tacho (de basura)
odpadkový koš na papír

la silla
židle

la computadora
počítač

la taza de café

hrnek na kávu

la calculadora

kalkulačka

el internet

internet

la laptop
notebook

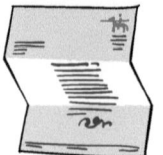
la carta
dopis

el mensaje
zpráva

el celular
mobil

la red
síť

la fotocopiadora
kopírka

el software
software

el teléfono
telefon

el tomacorriente
zásuvka

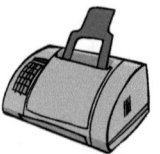
el fax
fax

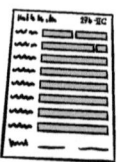
el formulario
formulář

el documento
dokument

comprar

nakupovat

pagar

zaplatit

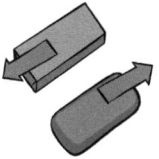

hacer negocios

jednat

el dinero

peníze

 **USD**

el dólar

dolar

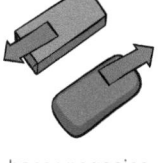 **EUR**

el euro

euro

 **JPY**

el yen

jen

 **RUB**

el rublo

rubl

 **CHF**

el franco suizo

frank

 **CNY**

el yuan

juan

 **INR**

la rupia

ruple

el cajero automático

bankomat

la casa de cambio

směnárna

el oro

zlato

la plata

stříbro

el petróleo

olej

la energía

energie

el precio

cena

el contrato

smlouva

el impuesto

daň

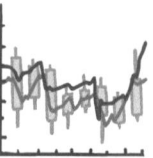

la acción

akcie

trabajar

pracovat

el empleado

zaměstnanec

el empleador

zaměstnavatel

la fábrica

továrna

el negocio

obchod

las ocupaciones
povolání

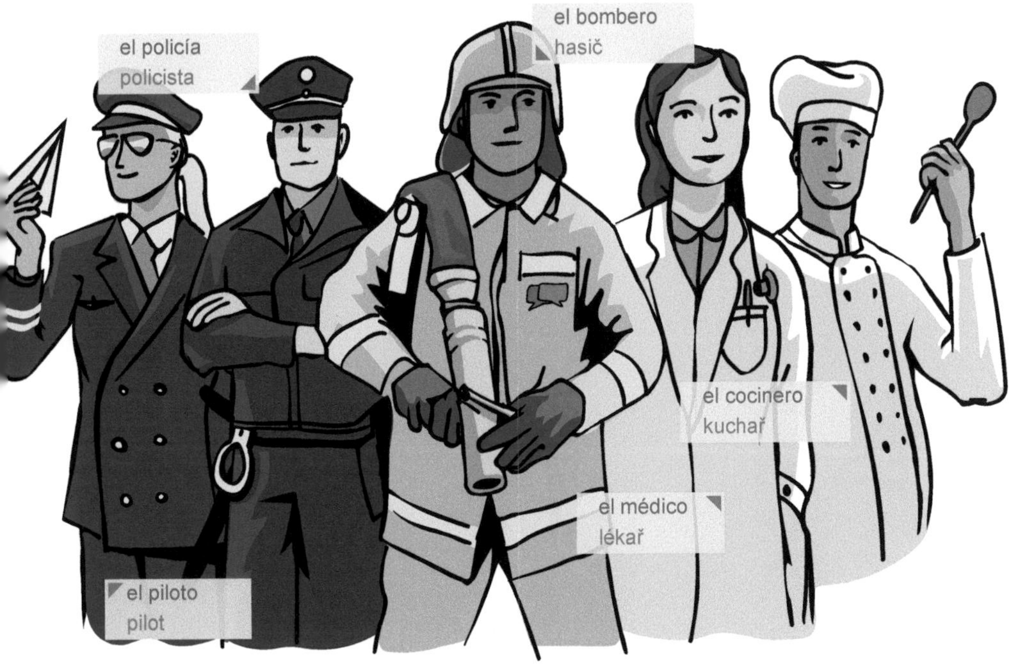

el bombero
hasič
el policía
policista
el cocinero
kuchař
el médico
lékař
el piloto
pilot

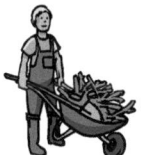

el jardinero

zahradník

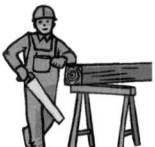

el carpintero

truhlář

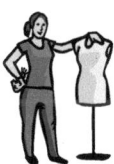

la modista

švadlena

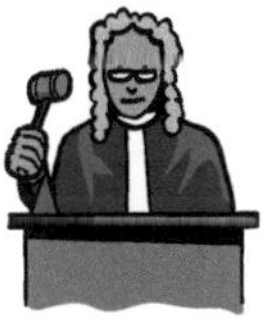

el juez

soudce

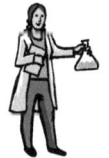

el farmacéutico

chemik

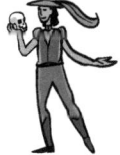

el actor

herec

el colectivero

řidič autobusu

el taxista

řidič taxi

el pescador

rybář

la mucama

uklízečka

el techista

pokrývač

el mozo

číšník

el cazador

myslivec

el pintor

malíř

el panadero

pekař

el electricista

elektrikář

el albañil

stavební dělník

el ingeniero

inženýr

el carnicero

řezník

el plomero

klempíř

el cartero

listonoš

el soldado	el arquitecto	el cajero
voják	architekt	pokladní

el florista	el peluquero	el cobrador
florista	kadeřník	průvodčí

el mecánico	el capitán	el dentista
mechanik	kapitán	zubař

el científico	el rabino	el imán
vědec	rabín	imám

el monje	el sacerdote	
mnich	duchovní	

las herramientas
nářadí

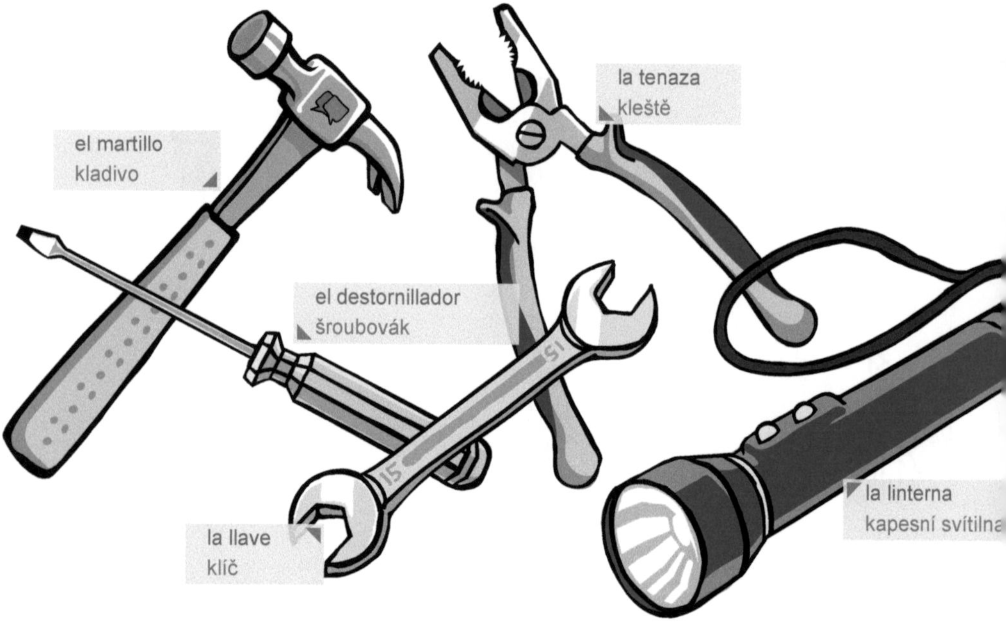

el martillo
kladivo
la tenaza
kleště
el destornillador
šroubovák
la llave
klíč
la linterna
kapesní svítilna

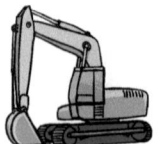

la excavadora

bagr

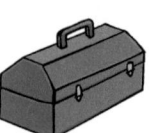

la caja de herramientas

skříň na nářadí

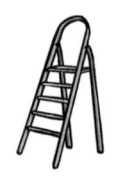

la escalera portátil

žebřík

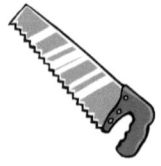

la sierra

pila

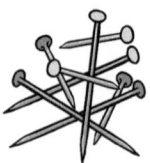

los clavos

hřebíky

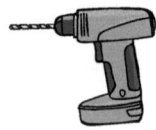

el taladro

vrtačka

arreglar

opravit

la pala de jardín

lopata

¡Qué bronca!

Kurva!

la pala de plástico

lopatka

el tacho de pintura

vědroé na barvu

los tornillos

šrouby

los instrumentos musicales
hudební nástroje

la batería
bicí

el parlante
reproduktor

la guitarra
kytara

el contrabajo
kontrabas

la trompeta
trubka

el piano

klavír

el violín

housle

el bajo

basa

los timbales

tympán

el tambor

bubny

el teclado

keyboard

el saxofón

saxofon

la flauta

flétna

el micrófono

mikrofon

el zoológico

zoo

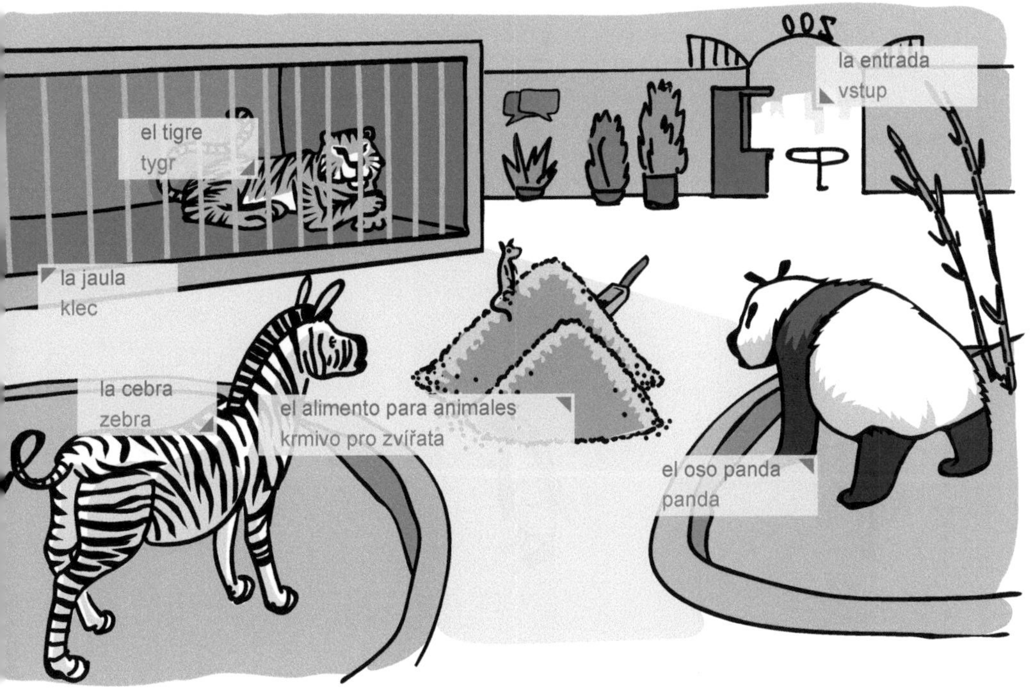

la entrada
vstup
el tigre
tygr
la jaula
klec
la cebra
zebra
el alimento para animales
krmivo pro zvířata
el oso panda
panda

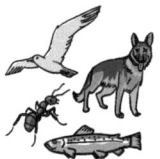

los animales

zvířata

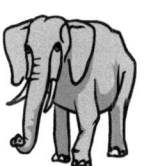

el elefante

slon

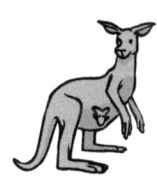

el canguro

klokan

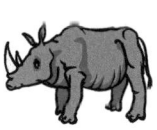

el rinoceronte

nosorožec

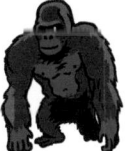

el gorila

gorila

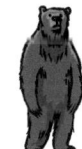

el oso

medvěd

el camello

velbloud

el avestruz

pštros

el león

lev

el mono

opice

el flamenco

plameňák

el loro

papoušek

el oso polar

lední medvěd

el pingüino

tučňák

el tiburón

žralok

el pavo real

páv

la serpiente

had

el cocodrilo

krokodýl

el cuidador del zoológico

ošetřovatel zvířat

la foca

tuleň

el jaguar

jaguár

el poni
poník

el leopardo
leopard

el hipopótamo
hroch

la jirafa
žirafa

el águila
orel

el jabalí
divoké prase

el pescado
ryby

la tortuga
želva

la morsa
mrož

el zorro
liška

la gacela
gazela

el fútbol americano
americký fotbal

el ciclismo
cyklistika

el tenis
tenis

el básquet
košíková

la natación
plavání

el boxeo
box

el hockey sobre hielo
lední hokej

el fútbol

kopaná

el bádminton

badminton

el atletismo

lehká atletika

el handball

házená

el esquí

běh na lyžích

el polo

vodní pólo

las actividades

aktivity

saltar
skočit
abrazar
objímat
reír
smát se
caminar
jít
cantar
zpívat
soñar
snít
rezar
modlit se
besar
políbit

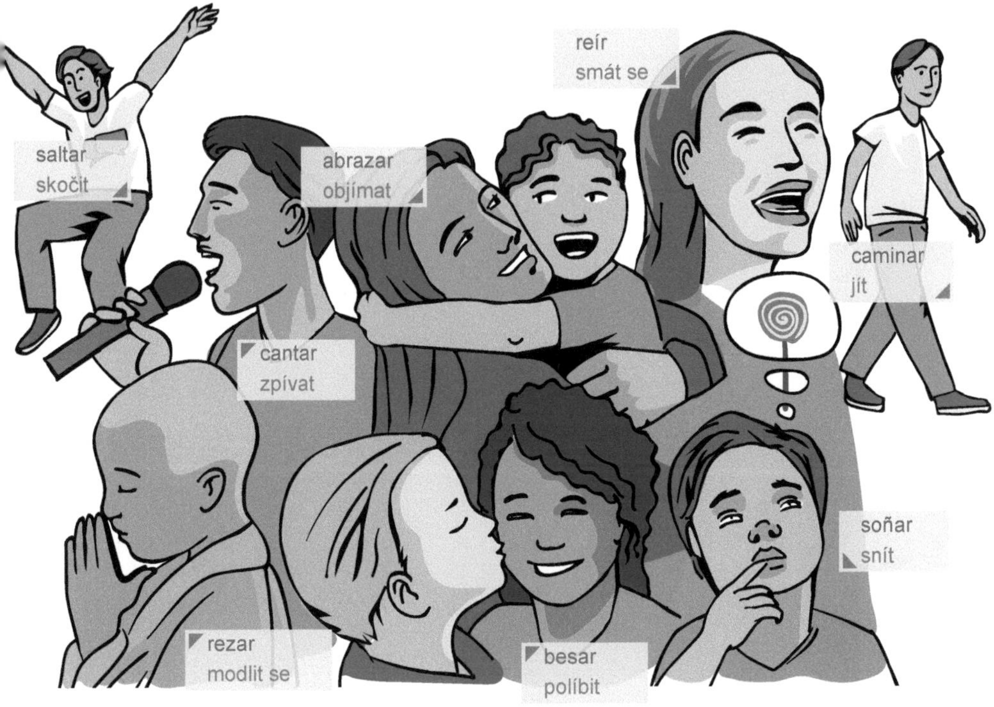

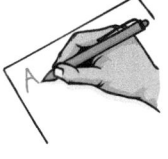

escribir

psát

dibujar

kreslit

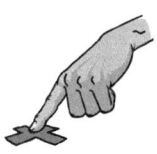

mostrar

ukazovat

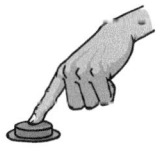

presionar

tlačit

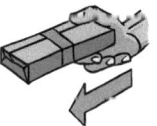

dar

dát

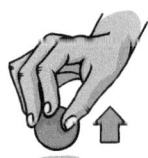

tomar

vzít si

tener
....
mít

hacer
....
dělat

ser
....
být

estar parado
....
stát

correr
....
běhat

tirar
....
táhnout

tirar
....
hodit

caer
....
padat

estar acostado
....
ležet

esperar
....
čekat

llevar
....
nosit

estar sentado
....
sedět

vestirse
....
oblékat

dormir
....
spát

despertar
....
vzbudit se

mirar

prohlédnout si

llorar

plakat

acariciar

pohladit

peinar

česat

hablar

hovořit

entender

rozumět

preguntar

ptát se

escuchar

slyšet

beber

pít

comer

jíst

ordenar

uklidit

amar

milovat

cocinar

vařit

manejar

jet

volar

letět

navegar

plachtit

calcular

počítat

leer

číst

aprender

učit se

trabajar

pracovat

casarse

vzít si

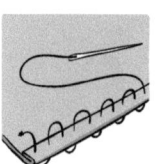

coser

šít

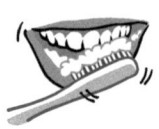

cepillarse los dientes

čistit si zuby

matar

zabít

fumar

kouřit

enviar

poslat

la familia
rodina

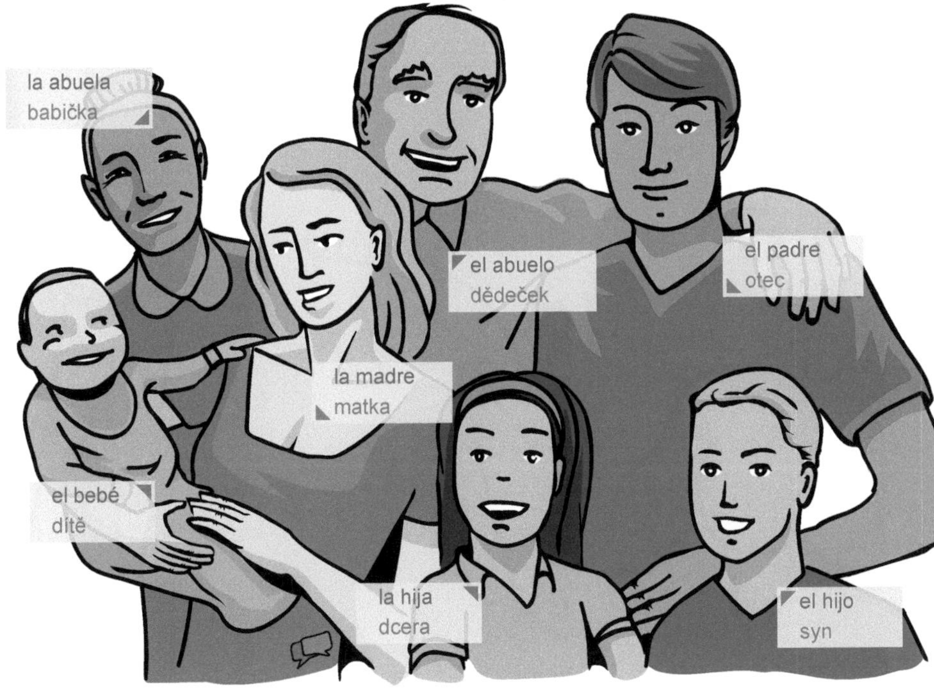

la abuela
babička
el abuelo
dědeček
el padre
otec
la madre
matka
el bebé
dítě
la hija
dcera
el hijo
syn

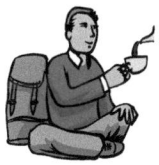

el invitado

host

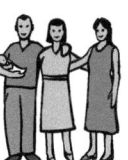

la tía

teta

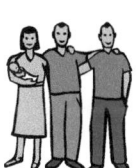

el tío

strýc

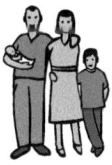

el hermano

bratr

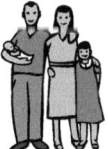

la hermana

sestra

el cuerpo
tělo

la frente
čelo
el ojo
oko
el hombro
rameno
el dedo
prst
la cara
obličej
la pera
brada
la mano
ruka
la pierna
dolní končetina
el pecho
hruď
el brazo
paže

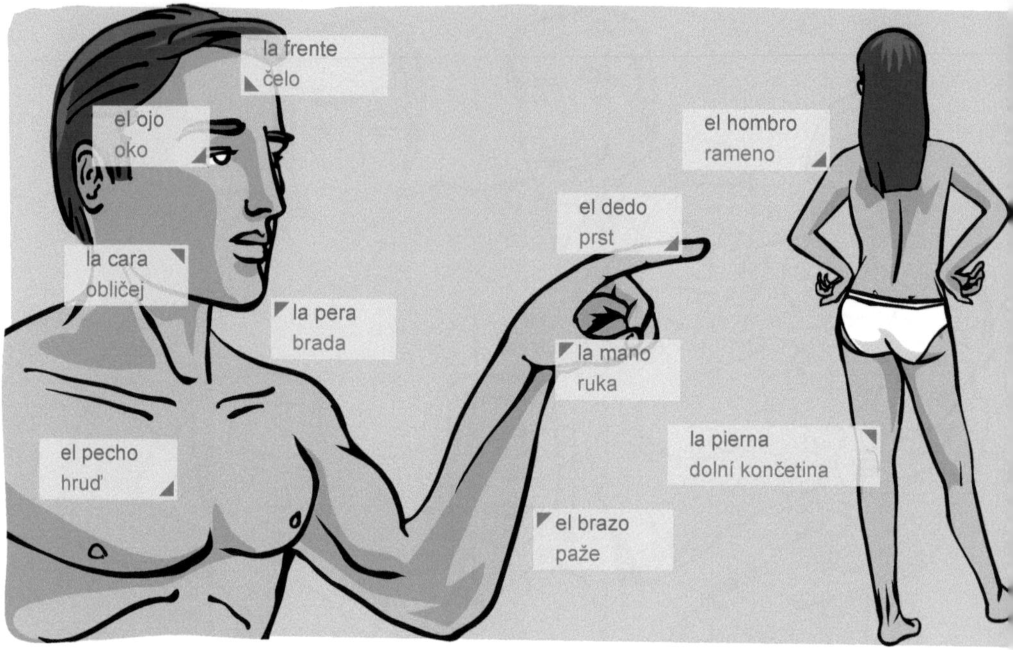

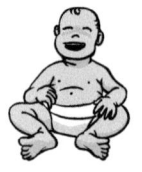

el bebé
dítě

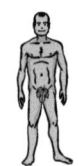

el hombre
muž

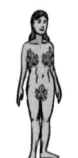

la mujer
žena

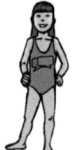

la nena
dívka

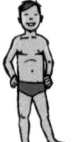

el nene
chlapec

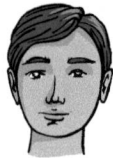

la cabeza
hlava

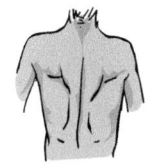

la espalda

záda

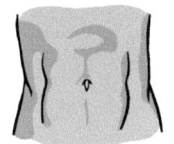

la panza

břicho

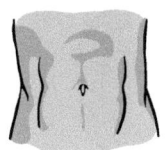

el ombligo

pupík

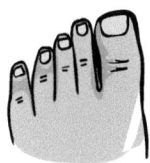

el dedo del pie

prst na noze

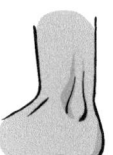

el talón

pata

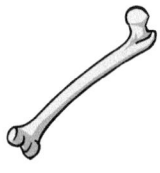

el hueso

kost

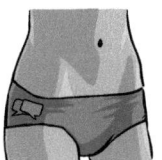

la cadera

bok

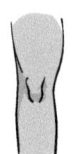

la rodilla

koleno

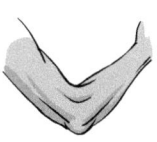

el codo

loket

la nariz

nos

la cola

zadek

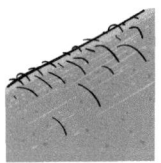

la piel

kůže

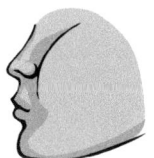

el cachete

tvář

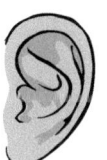

la oreja

ucho

el labio

ret

la boca

ústa

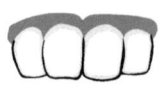

el diente

zub

la lengua

jazyk

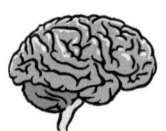

el cerebro

mozek

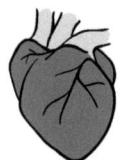

el corazón

srdce

el músculo

sval

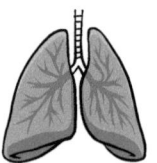

el pulmón

plíce

el hígado

játra

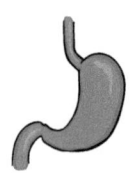

el estómago

žaludek

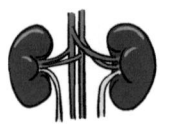

los riñones

ledviny

el sexo

pohlavní styk

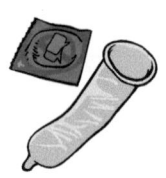

el preservativo

kondom

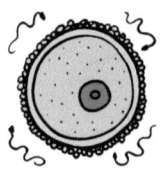

el óvulo

vajíčko

el semen

sperma

el embarazo

těhotenství

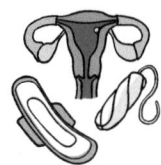

la menstruación

menstruace

la vagina

vagina

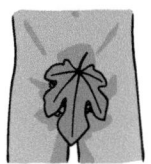

el pene

penis

la ceja

obočí

el pelo

vlasy

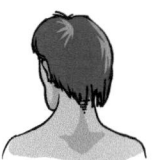

el cuello

krk

el hospital
nemocnice

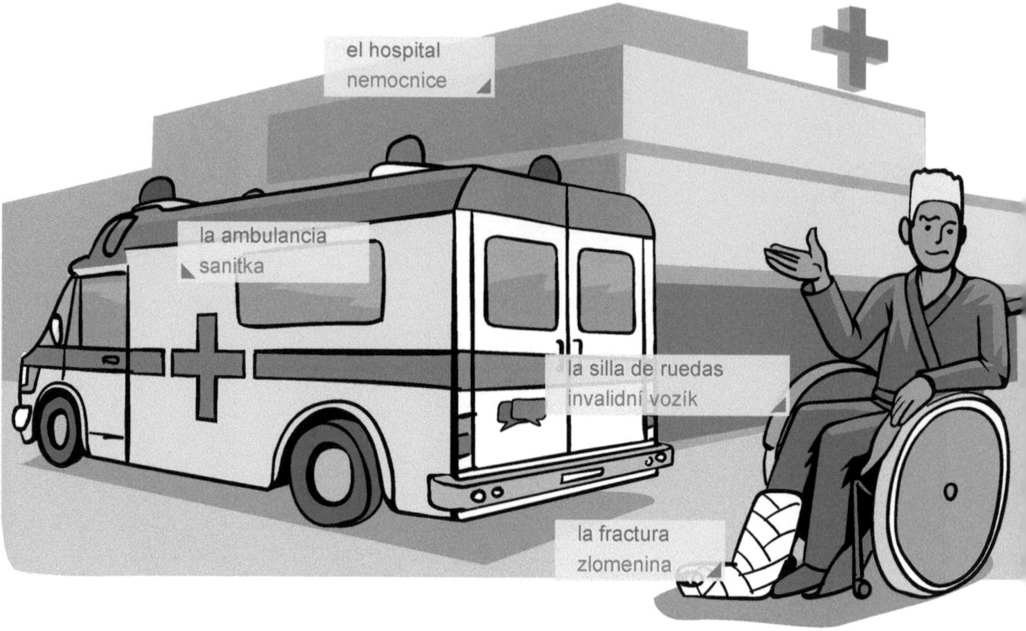

el hospital
nemocnice
la ambulancia
sanitka
la silla de ruedas
invalidní vozík
la fractura
zlomenina

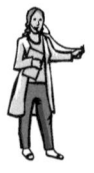

el médico

lékař

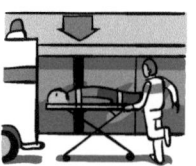

la sala de guardia

pohotovost

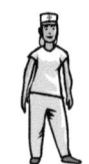

la enfermera

zdravotní sestra

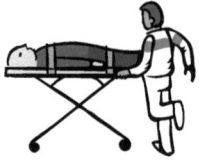

la emergencia

urgentní případ

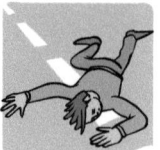

inconsciente

v bezvědomí

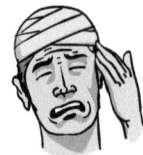

el dolor

bolest

la lesión

úraz

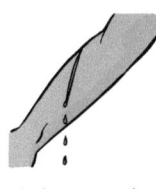

la hemorragia

krvácení

el infarto

infarkt myokardu

el ACV

cévní mozková příhoda

la alergia

alergie

la tos

kašel

la fiebre

horečka

la gripe

chřipka

la diarrea

průjem

el dolor de cabeza

bolest hlavy

el cáncer

rakovina

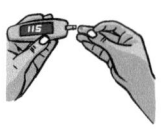

la diabetes

cukrovka

el cirujano

chirurg

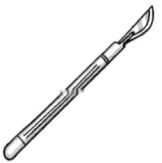

el bisturí

skalpel

la operación

operace

la TC

CT

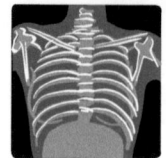

los rayos x

rentgen

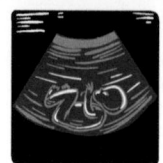

la ecografía

ultrazvuk

el barbijo

maska

la enfermedad

nemoc

la sala de espera

čekárna

la muleta

berle

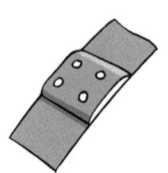

la curita

náplast

la venda

obvaz

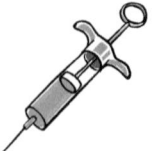

la inyección

injekce

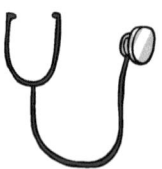

el estetoscopio

stetoskop

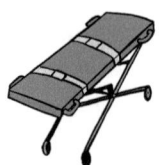

la camilla

nosítka

el termómetro

teploměr

el nacimiento

porod

el sobrepeso

nadváha

el hospital - nemocnice

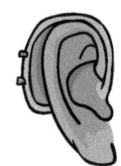

el audífono

naslouchátko

el desinfectante

dezinfekční prostředek

la infección

infekce

el virus

virus

el VIH / SIDA

HIV / AIDS

el remedio

lékařství

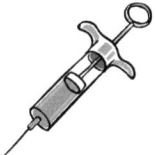

la vacunación

očkování

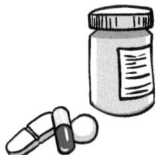

los comprimidos

tablety

la pastilla anticonceptiva

pilulka

la llamada de emergencia

tísňové volání

el tensiómetro

tonometr

enfermo / sano

nemocný / zdravý

¡Ayuda!

Pomoc!

la alarma

poplach

la agresión

přepadení

el ataque

napadení

el peligro

nebezpečí

la salida de emergencia

nouzový východ

¡Fuego!

Hoří!

el matafuego

hasicí přístroj

el accidente

nehoda

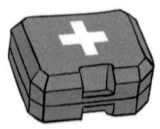

el botiquín de primeros
auxilios

zdravotnická brašna

el SOS

SOS

la policía

policie

Europa

Evropa

América del Norte

Severní Amerika

América del Sur

Jižní Amerika

África

Afrika

Asia

Asie

Australia

Austrálie

el Atlántico

Atlantik

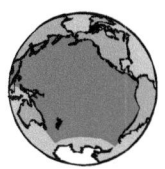

el Pacífico

Pacifik

el Océano Índico

Indický oceán

el Océano Antártico

Jižní ledový oceán

el Océano Ártico

Severní ledový oceán

el polo norte

severní pól

el polo sur

jižní pól

la Antártida

Antarktida

la Tierra

země

la tierra

pevnina

el mar

moře

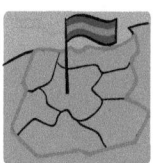

la isla

ostrov

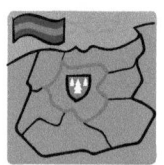

la nación

národ

el estado

stát

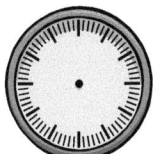

la esfera

ciferník

la manecilla de las horas

hodinová ručička

el minutero

minutová ručička

el segundero

vteřinová ručička

¿Qué hora es?

Kolik je hodin?

el día

den

la hora

čas

ahora

teď

el reloj digital

digitální hodinky

el minuto

minuta

la hora

hodina

la semana

týden

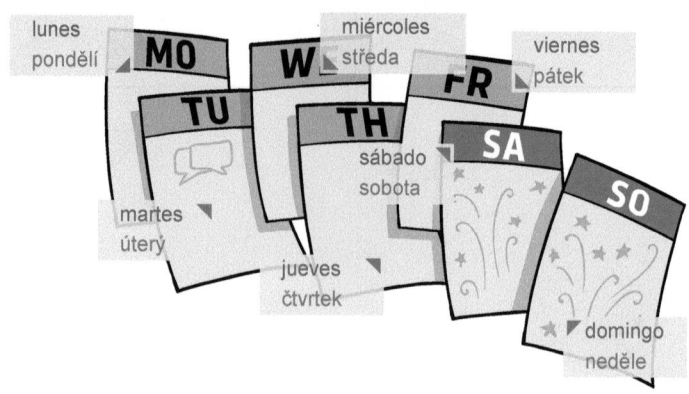

lunes
pondělí

miércoles
středa

viernes
pátek

martes
úterý

sábado
sobota

jueves
čtvrtek

domingo
neděle

ayer

včera

hoy

dnes

mañana

zítra

la mañana

ráno

el mediodía

poledne

la tarde

večer

los días hábiles

pracovní dny

el fin de semana

víkend

el año
rok

la lluvia
déšť
el arco iris
duha
la nieve
sníh
el viento
vítr
la primavera
jaro
el otoño
podzim
el verano
léto
el invierno
zima

4.APRIL 11°
5.APRIL 4°
6.APRIL 13°
7.APRIL 8°
8.APRIL 10°

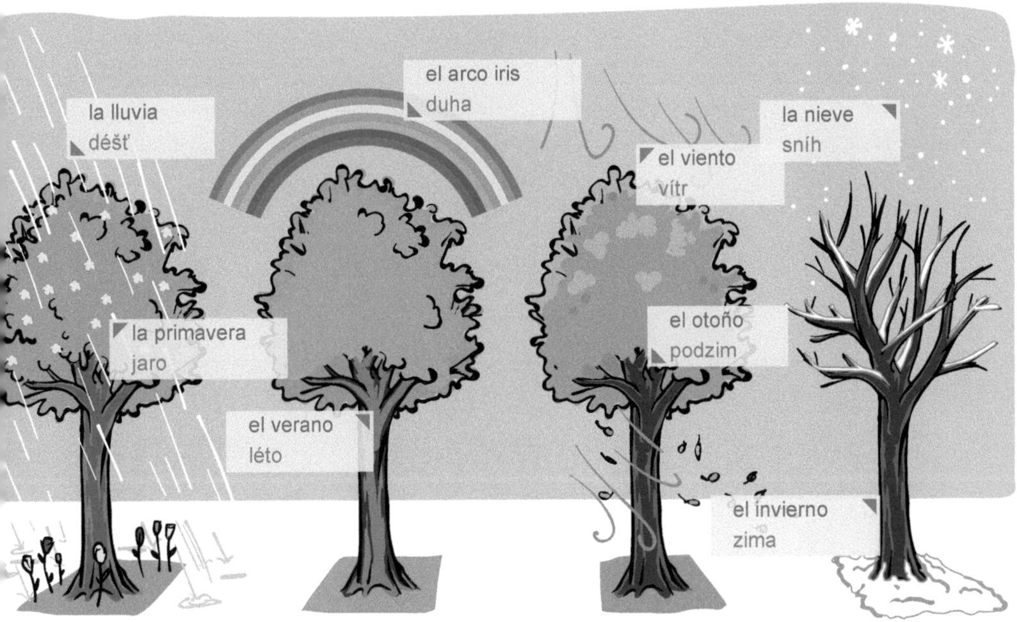

pronóstico meteorológico
....
předpověď počasí

F C
120 90 60 30 0 -30
40 30 20 10 0 -10 -20

el termómetro
....
teploměr

la luz del sol
....
sluneční svit

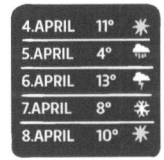

la nube
....
mrak

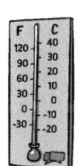

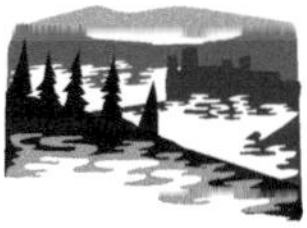

la niebla
....
mlha

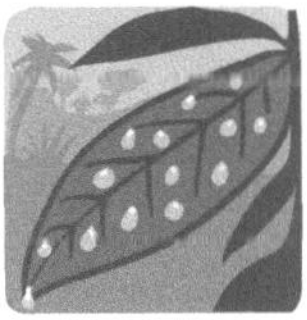

la humedad
....
vlhkost

el rayo

blesk

el trueno

hrom

la tormenta

bouřka

el granizo

kroupy

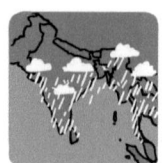

el monzón

monzun

la inundación

povodeň

el hielo

led

enero

leden

febrero

únor

marzo

březen

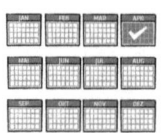

abril

duben

mayo

květen

junio

červen

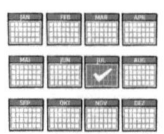

julio

červenec

agosto

srpen

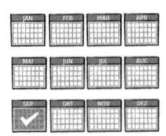

septiembre
....
září

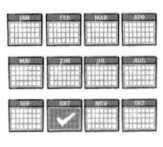

octubre
....
říjen

noviembre
....
listopad

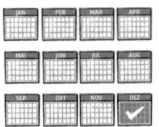

diciembre
....
prosinec

las formas

tvary

el círculo
....
kruh

el cuadrado
....
čtverec

el rectángulo
....
obdélník

el triángulo
....
trojúhelník

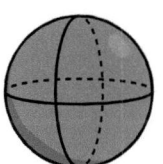

la esfera
....
koule

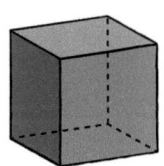

el cubo
....
krychle

blanco
....
bílá

amarillo
....
žlutá

naranja
....
oranžová

rosa
....
růžová

rojo
....
červená

violeta
....
fialová

azul
....
modrá

verde
....
zelená

marrón
....
hnědá

gris
....
šedá

negro
....
černá

mucho / poco

hodně / málo

enojado / tranquilo

rozzuřený / mírumilovný

lindo / feo

krásný / ošklivý

el principio / el fin

začátek / konec

grande / chico

velký / malý

claro / oscuro

světlý / tmavý

el hermano / la hermana

bratr / sestra

limpio / sucio

čistý / špinavý

completo / incompleto

úplný / neúplný

el día / la noche

den / noc

muerto / vivo

mrtvý / živý

ancho / angosto

široký / úzký

comestible / no comestible

jedlý / nejedlý

malo / amable

zlý / hodný

entusiasmado / aburrido

vzrušený / znuděný

gordo / flaco

tlustý / hubený

primero / último

nejdříve / naposledy

el amigo / el enemigo

přítel / nepřítel

lleno / vacío

plný / prázdný

duro / blando

tvrdý / měkký

pesado / liviano

těžký / lehký

el hambre / la sed

hlad / žízeň

enfermo / sano

nemocný / zdravý

ilegal / legal

ilegální / legální

inteligente / estúpido

inteligentní / hloupý

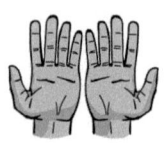

izquierda / derecha

vlevo / vpravo

cerca / lejos

blízko / daleko

los opuestos - protiklady

nuevo / usado
nový / použitý

nada / algo
nic / něco

viejo / joven
starý / mladý

encendido / apagado
zapnutý / vypnutý

abierto / cerrado
otevřeno / zavřeno

silencioso / ruidoso
tichý / hlasitý

rico / pobre
bohatý / chudý

correcto / incorrecto
správný / špatný

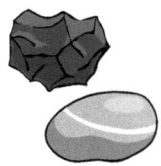

áspero / suave
drsný / hladký

triste / contento
smutný / šťastný

corto / largo
krátký / dlouhý

lento / rápido
pomalý / rychlý

mojado / seco
vlhký / suchý

caliente / frío
teplý / chladný

guerra / paz
válka / mír

los opuestos - protiklady

los números

čísla

0	**1**	**2**
cero	uno	dos
nula	jedna	dva
3	**4**	**5**
tres	cuatro	cinco
tři	čtyři	pět
6	**7**	**8**
seis	siete	ocho
šest	sedm	osm
9	**10**	**11**
nueve	diez	once
devět	deset	jedenáct

12	**13**	**14**
doce	trece	catorce
dvanáct	třináct	čtrnáct

15	**16**	**17**
quince	dieciséis	diecisiete
patnáct	šestnáct	sedmnáct

18	**19**	**20**
dieciocho	diecinueve	veinte
osmnáct	devatenáct	dvacet

100	**1.000**	**1.000.000**
cien	mil	el millón
sto	tisíc	milion

el inglés

angličtina

el inglés americano

americká angličtina

el chino mandarín

standardní čínština

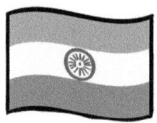

el hindi

hindština

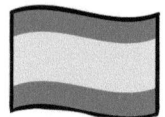

el español

španělština

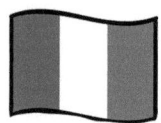

el francés

francouzština

el árabe

arabština

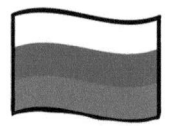

el ruso

ruština

el portugués

portugalština

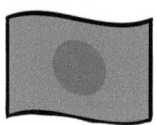

el bengalí

bengálština

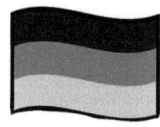

el alemán

němčina

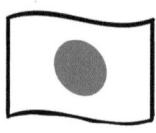

el japonés

japonština

yo

já

vos

ty

él / ella

on / ona / ono

nosotros

my

ustedes

vy

ellos

oni

¿quién?

Kdo?

¿qué?

Co?

¿cómo?

Jak?

¿dónde?

Kde?

¿cuándo?

Kdy?

el nombre

jméno

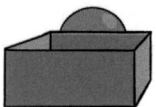

detrás

za

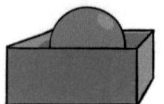

en

do

adelante de

z

por encima de

nad

sobre

na

debajo de

mezi

al lado de

vedle

entre

mezi

el lugar

místo